Les ateliers ABC

Maquillages

Isabelle Bochot

EDITIONS FLEURUS

Éditions Fleurus, 15-27, rue Moussorgski, 75018 Paris

Vive la fête !

Ce livre propose aux enfants de 6 à 10 ans des idées de maquillages à réaliser tout au long de l'année, en famille ou entre amis.

Matériel et conseils

Avant de se maquiller, enfiler le haut du vêtement assorti au maquillage choisi. Le protéger en posant une grande serviette sur ses épaules.

Il n'est pas toujours facile de se maquiller soi-même. Demander donc à un ami de réaliser le maquillage, puis alterner les rôles.

Devant soi, disposer les produits de maquillage, une cuvette d'eau, du coton, des Coton-Tige, des mouchoirs en papier et un miroir.

Se maquiller sur une peau propre et sèche.

Si on a une peau fragile, faire une touche d'essai sur le poignet, la veille, pour éviter toute allergie.

Les repères

Sur chaque page, le niveau de difficulté, la durée et le coût du maquillage sont représentés par un, deux ou trois pictogrammes. Les niveaux de difficulté et de durée sont donnés à titre indicatif et dépendent de la maturité et de la dextérité de l'enfant.

MOINS D'1/2 HEURE

1/2 HEURE À 1 HEURE

PLUS D'1 HEURE

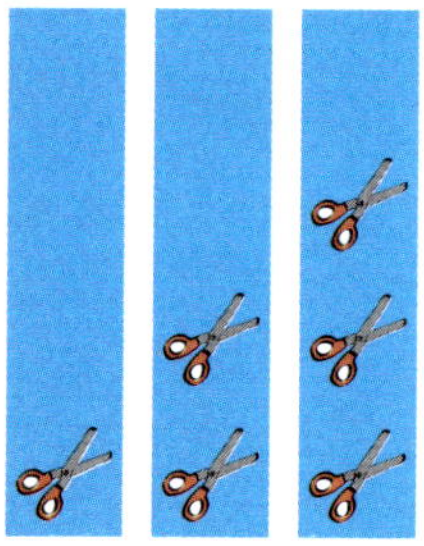

TRÈS FACILE

FACILE

ÇA SE COMPLIQUE

PAS CHER DU TOUT

PAS CHER

UN PEU PLUS CHER

Coiffure

Se coiffer avant de se maquiller. Maintenir la coiffure en arrière avec des pinces.

Pour plaquer, boucler ou hérisser les cheveux, utiliser du gel et de la mousse coiffante. Fixer avec de la laque.

Sur des cheveux courts, on peut modeler des pointes avec du gel, puis les colorer avec une éponge enduite de fard à l'eau.

Pour colorer des mèches, utiliser du mascara pour cheveux ou une brosse à dents propre enduite de fard à l'eau.
Utiliser des bombes spéciales de couleur ou de paillettes afin de colorer toute la chevelure. Protéger les vêtements et le visage avec une serviette.

Produits

Fards à l'eau
Ils se présentent sous forme de palette, de tubes ou de boîtes. Faciles à utiliser, ils sèchent vite, tiennent bien et ne tachent pas. On peut les mélanger dans une assiette en carton pour obtenir des couleurs variées. Il existe aussi des fards à l'eau dorés ou argentés.

Appliquer les fards avec des pinceaux propres réservés au maquillage. Utiliser des pinceaux fins pour les contours ou les détails. Colorer l'intérieur des formes avec des pinceaux moyens ou épais.

Pour appliquer une base de couleur, étaler le fard avec une éponge à maquillage humide. Laisser sécher. Dessiner par-dessus.

Crayons
Vendus en boîte de couleurs assorties, les crayons gras peuvent remplacer les fards à l'eau pour les enfants plus jeunes.

Les crayons à mine grasse, plus précis, servent à ajouter certains détails ou à tracer des contours.

Paillettes
Le plus facile est d'utiliser du gel pailleté, en tube ou en pot. L'étaler avec le doigt ou avec un pinceau fin bien propre. Les paillettes en poudre s'appliquent avec le doigt sur le maquillage encore humide.

Démaquillage

Enlever grossièrement le maquillage à l'eau avec un gant de toilette ou du coton. Appliquer ensuite une lotion démaquillante et une crème hydratante pour éviter les rougeurs.

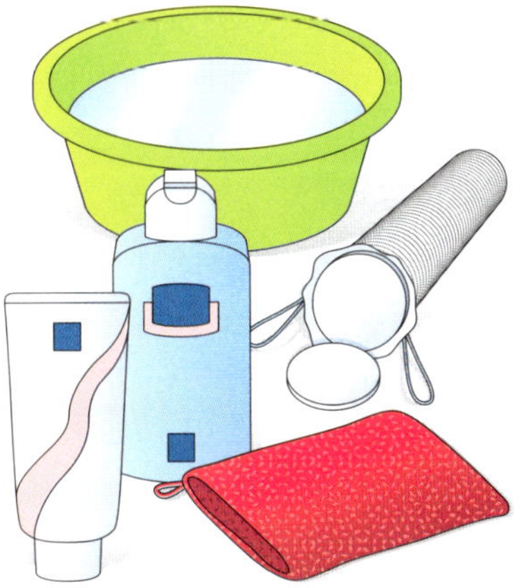

Ronds et rayures

Matériel

fards à l'eau : rouge, vert, jaune, bleu et orange, pinceaux : fin, moyen et épais, gommettes rondes.

Pour mettre en valeur ces maquillages simples réservés aux plus jeunes, choisir des tee-shirts aux couleurs vives et les décorer avec des gommettes. Maquiller les mains avec des motifs assortis.

Ronds

1 Dessiner les ronds orange et vert, puis les colorer avec un gros pinceau. Avec un pinceau moyen, appliquer le jaune et le bleu.

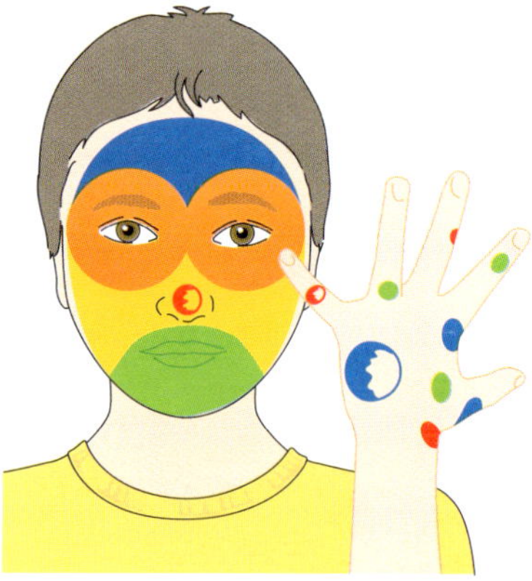

2 Peindre un point rouge sur le nez. Sur le dos des mains, peindre des ronds de différentes tailles assortis aux couleurs du maquillage.

Bandeaux

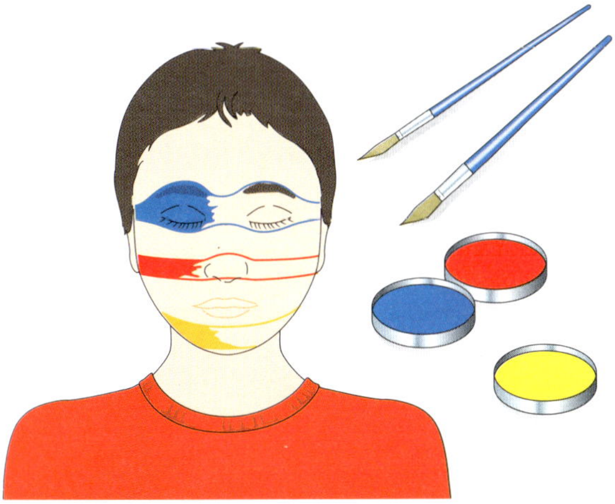

Peindre un bandeau bleu autour des yeux, en suivant l'arrondi des sourcils. Au niveau du nez, ajouter une bande rouge. Peindre une bande jaune en bas du visage.

Quadrillage

Tracer des traits verticaux de différentes couleurs en commençant par celui du milieu. Bien les laisser sécher. Tracer des traits horizontaux en commençant par le front.

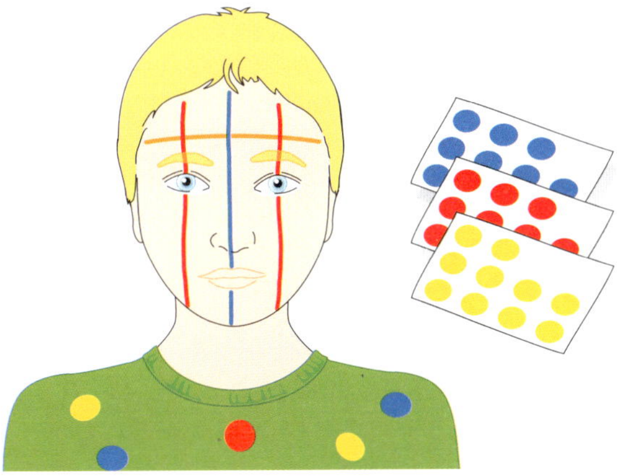

Fleurs fantaisie

Matériel

fards à l'eau :
rose vif, jaune, violet,
vert vif et orange,
pinceaux : fin,
moyen et épais,
perles pour cheveux,
rouge à lèvres
ou brillant à lèvres.

Coiffures

Bien démêler les cheveux. Les coiffer en arrière. Accrocher des perles sur des mèches de cheveux avant de faire une queue de cheval.

On peut aussi garder des mèches de cheveux devant et accrocher des perles sur toute leur longueur.

2 Dessiner, comme sur le visage, une fleur au milieu de la main. Tracer une tige ondulant vers le poignet. Peindre des feuilles.
Compléter le maquillage avec des bagues fantaisie ou peindre de fausses bagues.

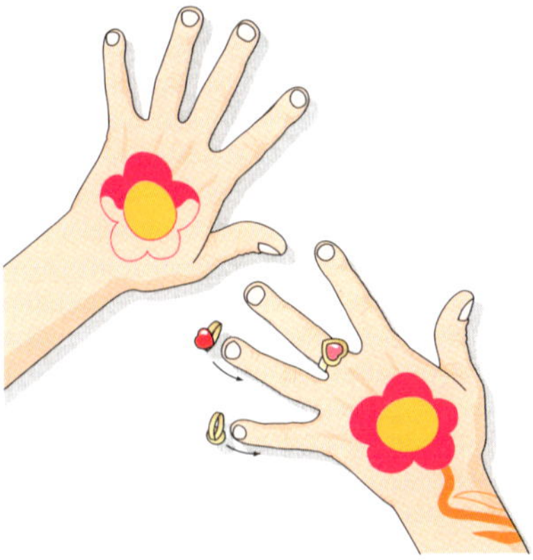

Petites tulipes

1 Avec un pinceau fin, dessiner, sur le front et sur les joues, des tiges vertes ornées de feuilles. Si on porte un débardeur, on peut les prolonger jusqu'à la base du cou. Laisser sécher.

2 Au bout des tiges vertes, peindre des fleurs en forme de tulipes ou des ronds. Ajouter du rouge ou du brillant à lèvres.

Grosses fleurs

1 Avec un pinceau épais et du fard jaune, peindre les cœurs des fleurs autour d'un œil fermé, sur la joue et sous le menton. Avec un pinceau moyen, dessiner le contour des pétales. Les colorer avec du fard rose, orange ou violet. Appliquer du rouge à lèvres.

Petits clowns

Matériel

fards à l'eau : rose, bleu vif, bleu foncé, rouge, vert vif et noir, pinceaux : fin, moyen et épais, gel pailleté vert et bleu, mascara bleu pour cheveux, perruque, nez de clown.

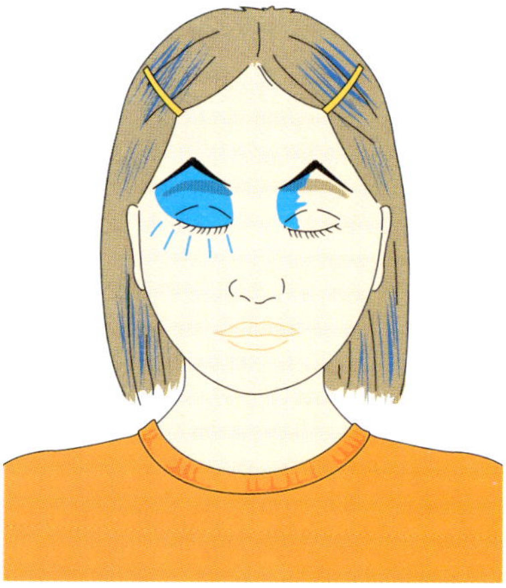

Clown fille

1 Colorer des mèches de cheveux avec le mascara. Les maintenir vers l'arrière avec des barrettes. Avec un pinceau fin, tracer 2 sourcils noirs et pointus. Laisser sécher. Appliquer du fard bleu des paupières aux faux sourcils. Ajouter des traits bleus sous les yeux.

2 Avec un pinceau moyen, peindre en rouge le bout du nez. Dessiner des lèvres longues et larges. Ajouter 2 ronds roses sur les joues. Laisser sécher.

Porter un chapeau fabriqué avec du papier. On peut aussi nouer une bande de tissu en cravate.

Clown garçon

1 Avec un pinceau fin et des fards bleu et vert, tracer des formes arrondies au-dessus des sourcils et des triangles sous les yeux. Les colorer avec un pinceau moyen. Laisser sécher.

2 Appliquer du gel pailleté vert ou bleu sur les formes de même couleur avec un pinceau fin bien propre.

3 Avec un pinceau fin et du fard rouge, dessiner les contours d'une bouche de clown descendant jusqu'au menton. Bouche fermée, colorer ce sourire avec un gros pinceau. Laisser sécher.

4 Fixer le nez de clown. Regrouper tous les cheveux sous une perruque colorée ou métallisée.

Ajouter quelques accessoires. Porter un nœud papillon et un tout petit chapeau sera rigolo !

Musique et lettres

Matériel

fards à l'eau : blanc, noir, rouge, rose, bleu, violet, orange et vert, pinceaux : fin et moyen, crayon noir à mine grasse, éponge, rouges à lèvres.

Musique

1 Avec une éponge, appliquer une base blanche opaque sur le visage et sur le cou. Laisser sécher. Ajouter du rouge à lèvres nacré pour les filles.

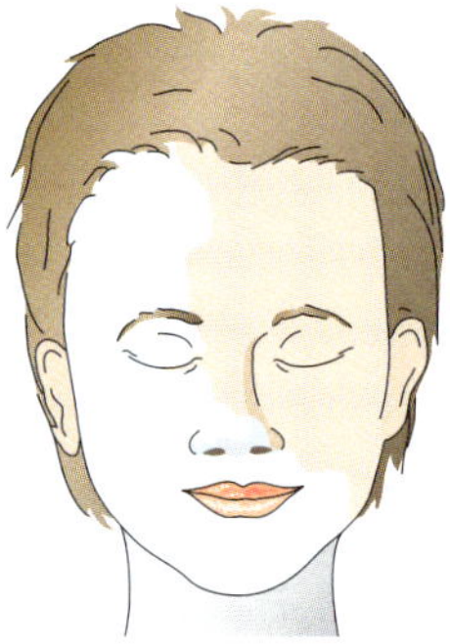

2 Cerner le bord des paupières avec le crayon noir à mine grasse. Tracer une portée sur le front.

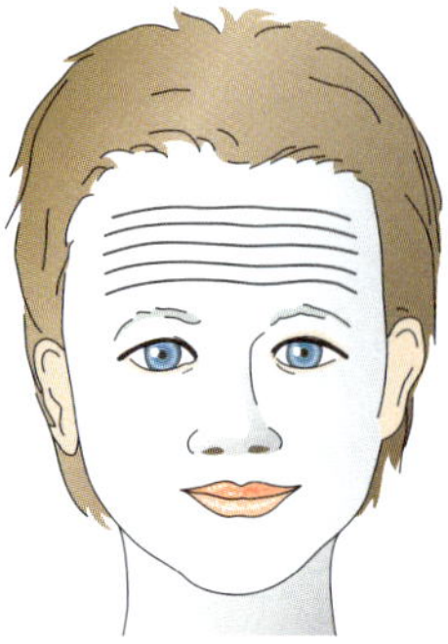

Lettres

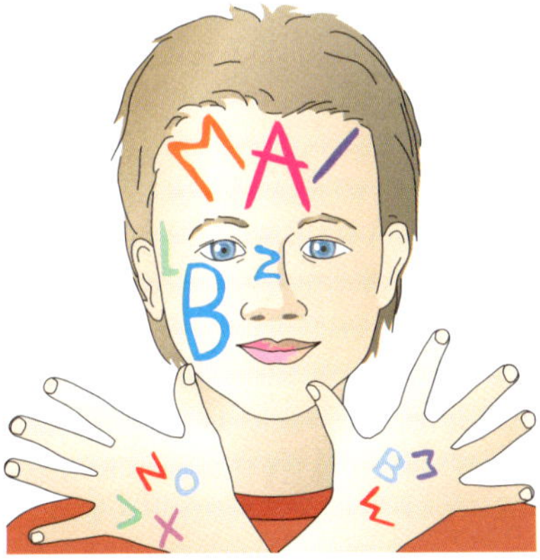

1 Sur la peau naturelle du visage et des mains, dessiner des lettres de tailles et de couleurs différentes. Appliquer du rouge à lèvres.

2 On peut aussi écrire un prénom, un petit message ; dessiner des chiffres ou d'autres alphabets : grec, chinois, égyptien, arabe...

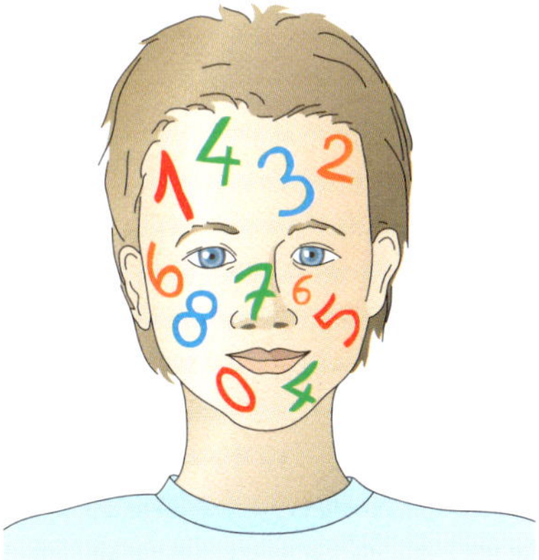

3 Avec un pinceau fin et du fard noir, dessiner des notes et des signes musicaux : clef de sol, clef de fa, dièse...

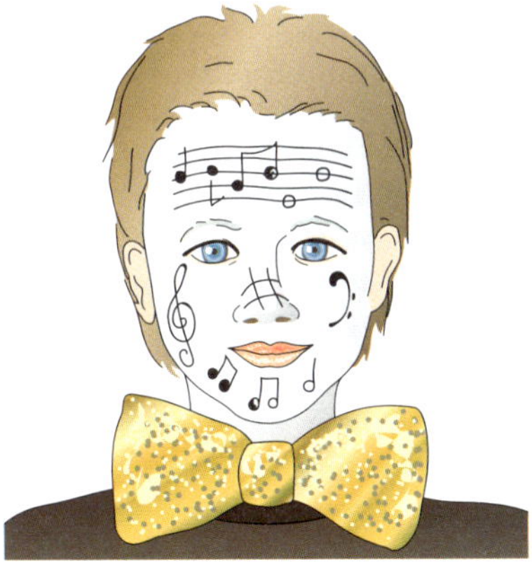

Ajouter un nœud papillon ou un foulard.

Loups de carnaval

Matériel

fards à l'eau : bleu, rose vif, jaune, rouge, orange et vert, crayon noir à mine grasse, bijoux autocollants, gel pailleté doré, pinceaux : fin, moyen et épais, chouchous, foulard.

Loup rose

1 Avant de commencer le maquillage, faire une coiffure amusante avec des barrettes ou des chouchous. Avec un pinceau fin, dessiner en rose vif un loup arrondi autour des yeux. Le colorer avec un pinceau épais. Peindre les lèvres. Laisser sécher.

Loup Arlequin

1 Avec le crayon noir, dessiner le contour du loup et tracer le quadrillage. Si le tracé n'est pas satisfaisant, l'effacer en partie avec un Coton-Tige humide.
Repasser tous les tracés au crayon noir pour les épaissir.

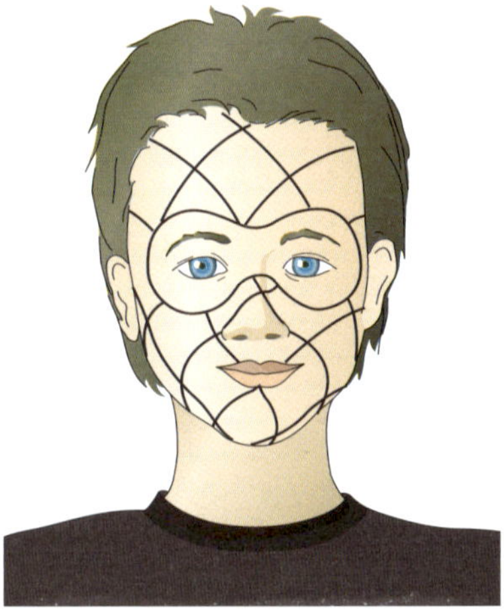

2 Colorer le loup en rouge avec un pinceau épais. Peindre les losanges de différentes couleurs avec des pinceaux moyen et fin en commençant par le haut du visage. Laisser sécher.

3 Appliquer du fard rouge sur les lèvres. Nouer un foulard autour du cou.

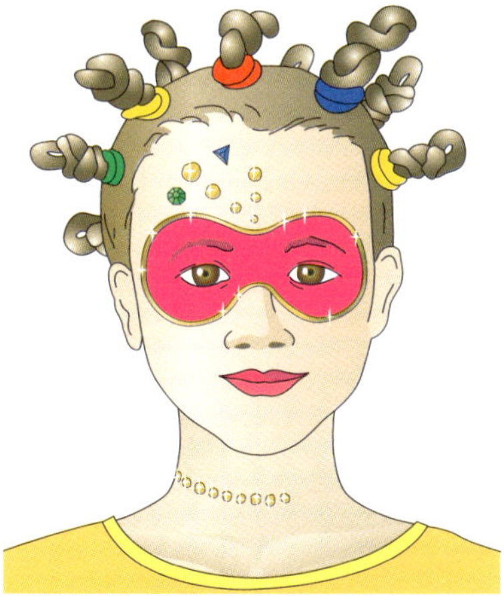

2 Cerner le masque avec un pinceau fin bien propre et du gel doré. Peindre des points dorés sur le front et autour du cou pour imiter un collier. Laisser sécher. Ajouter des bijoux autocollants sur le front. Choisir un tee-shirt bariolé pour compléter le maquillage.

Petite coccinelle

Matériel

fards à l'eau :
rouge, noir et vert clair,
pinceaux : fin, moyen et épais,
éponge, chouchous, bijoux.

1 Pour bien dégager le front, attacher les cheveux longs en palmier ou en queue de cheval avec des chouchous. Maintenir les cheveux courts en arrière avec du gel, avec des pinces ou avec un bandeau.

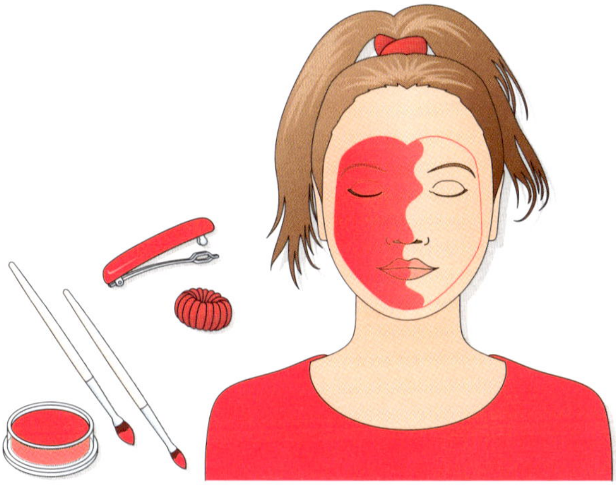

2 Au centre du visage, dessiner les ailes avec du fard rouge et un pinceau fin. Les colorer, bouche et yeux fermés, avec un gros pinceau. Laisser sécher.

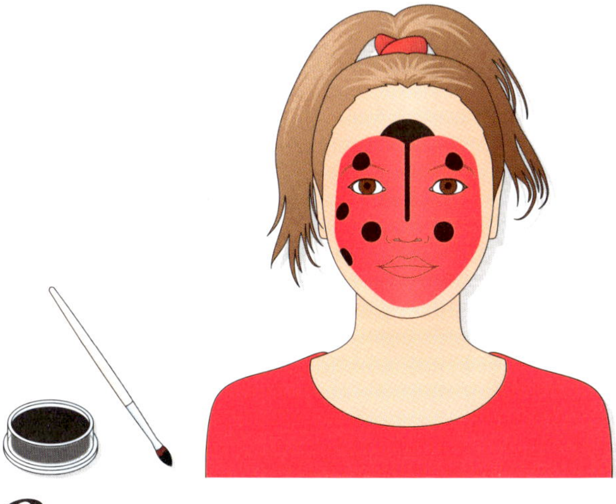

3 Peindre la tête de la coccinelle en noir au-dessus des ailes. Avec un pinceau moyen et du fard noir, tracer le milieu des ailes et dessiner de gros points espacés. Laisser sécher.

4 Avec un gros pinceau, appliquer du fard vert clair tout autour de la coccinelle pour couvrir le reste du visage.

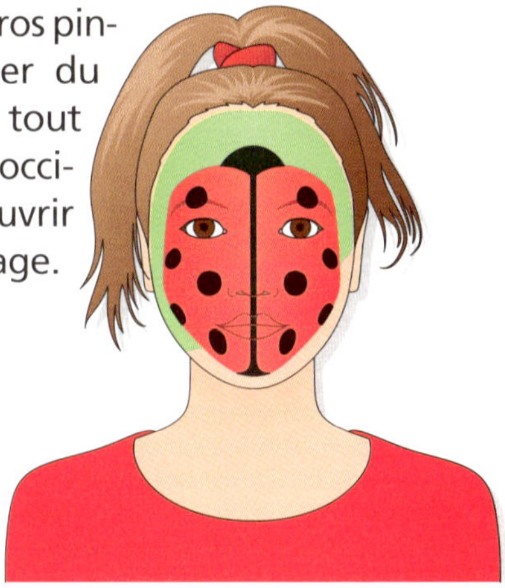

5 Avec une éponge humide, estomper le fard vert sur le cou et sur les oreilles. Tracer les antennes noires sur la tête de la coccinelle avec un pinceau fin. On peut porter des bijoux avec des motifs coccinelle.

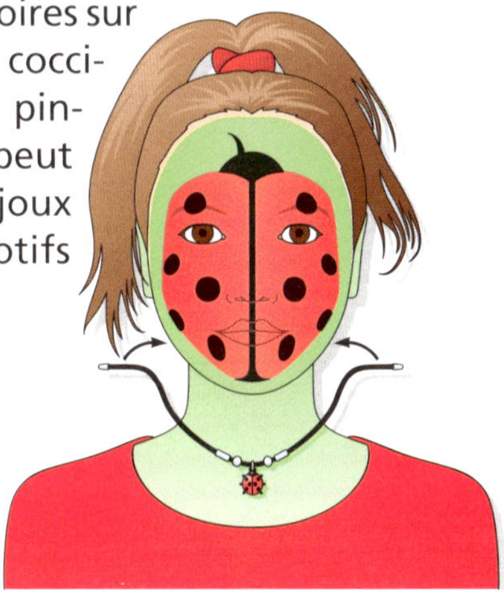

Autres idées

Sur le même principe, on peut peindre une araignée noire avec huit longues pattes sur une base orange, ou un scarabée avec des ailes striées de doré. Assortir alors la couleur des chouchous et des vêtements aux couleurs du maquillage.

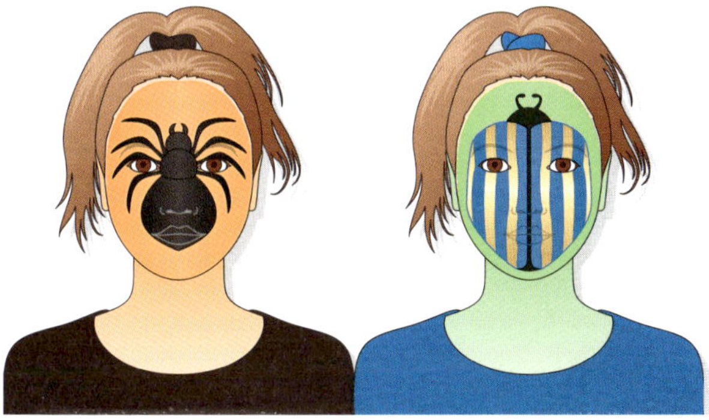

Animaux tout doux

Matériel

fards à l'eau : rose, blanc, bleu clair et noir, éponge, crayon gras noir, pinceaux : fin et moyen, cagoule, papier noir, serre-tête, mousse, matériel de bureau.

Lapin blanc

1 Pour la cagoule, découper 2 oreilles en mousse et faire une petite fente. Les agrafer. Enfiler la cagoule.

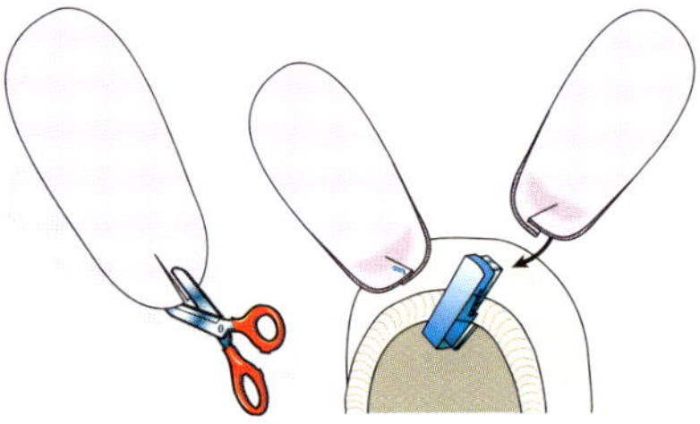

2 En écartant la cagoule, recouvrir le visage d'une base blanche avec une éponge. Laisser sécher. Tracer les ovales des yeux et les bajoues au crayon noir. Les colorer en bleu clair et en rose.

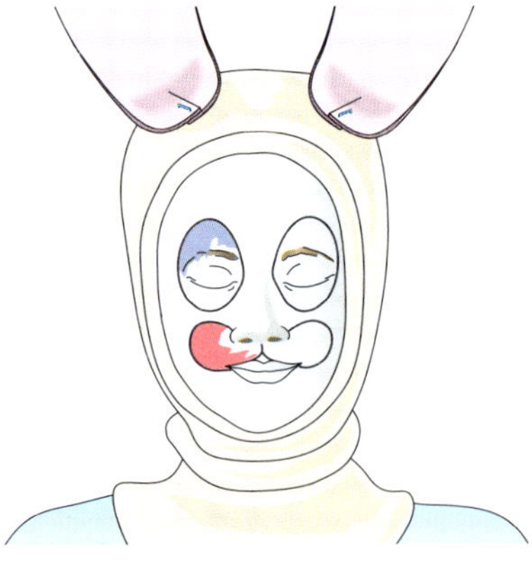

Petit panda

1 Appliquer une base blanche sur le visage, le haut du cou et les oreilles. Laisser sécher. Peindre des formes noires autour des yeux.

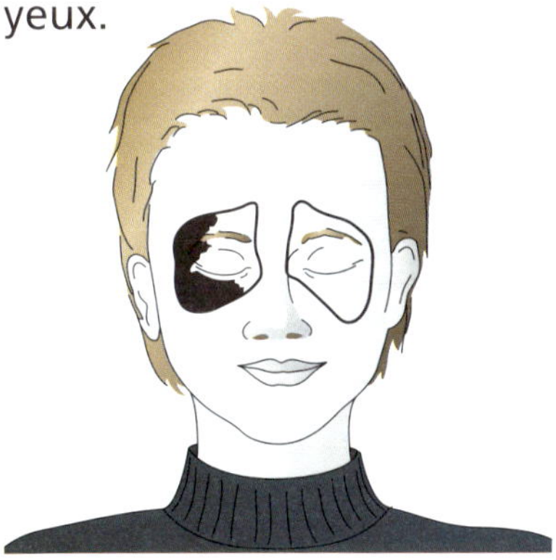

2 Avec du fard noir, peindre le nez, le trait dessous et les lèvres. Découper 2 oreilles fendues en papier noir. Les agrafer et les scotcher sous un serre-tête.

3 Avec du fard noir et un pinceau fin, dessiner les sourcils et les dents. Ajouter les points sur le museau. Dessiner les moustaches. Maquiller le bout du nez.

Maquillages nature

Matériel

fards à l'eau : bleu clair, rose clair, rose foncé, violet, rouge, vert clair, vert foncé, marron clair et blanc, pinceaux : fin, moyen et épais, éponge, rose à lèvres, gel pailleté argenté.

Sur une palette, on peut mélanger des fards vifs avec du fard blanc pour obtenir des couleurs pastel.

Papillon

1 Avec un pinceau moyen et du fard violet, peindre le corps et la tête du papillon dans l'axe du nez. Tracer le contour des ailes.

2 Colorer les 2 ailes du haut en rose foncé. Laisser sécher. Peindre celles du bas en rose clair et en violet. Laisser sécher.

3 Avec un gros pinceau, peindre le fond du visage en bleu en haut et en rose clair en bas. En tamponnant à l'éponge, fondre ces deux couleurs en dégradé.

4 Appliquer du gel pailleté sur les ailes. Dessiner des antennes au pinceau fin. Appliquer du rose à lèvres.

Champignon

1 Tracer un demi-cercle sur le front avec un pinceau moyen et du fard rouge. Dessiner des ronds blancs à l'intérieur.

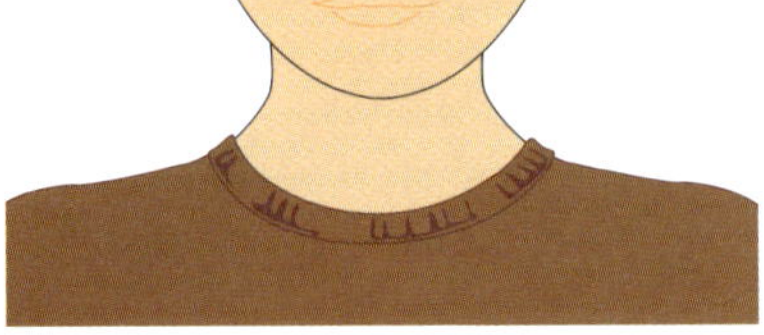

Colorer le demi-cercle en rouge autour des ronds avec un pinceau fin. Sur le nez, peindre le pied évasé du champignon en marron clair.

2 Avec un pinceau moyen et du fard vert foncé, dessiner une ligne en zigzag passant sous le nez et séparant le visage en deux. Avec un gros pinceau, peindre le haut du visage en vert clair et le bas en vert foncé.

Nouer une écharpe marron, rouille ou verte.

Couleurs du temps

Matériel
fards à l'eau :
violet, bleu clair,
mauve, vert clair,
jaune, orange,
rouge, bleu foncé,
gris clair et foncé,
pinceaux :
fin et moyen,
rouge à lèvres rose,
gel pailleté doré,
éponge, bonnet,
chouchous colorés.

Arc-en-ciel

1 Avec un pinceau fin, tracer un arc de cercle violet sur le haut du front. Peindre dessous 6 arcs de plus en plus courts aux couleurs de l'arc-en-ciel.

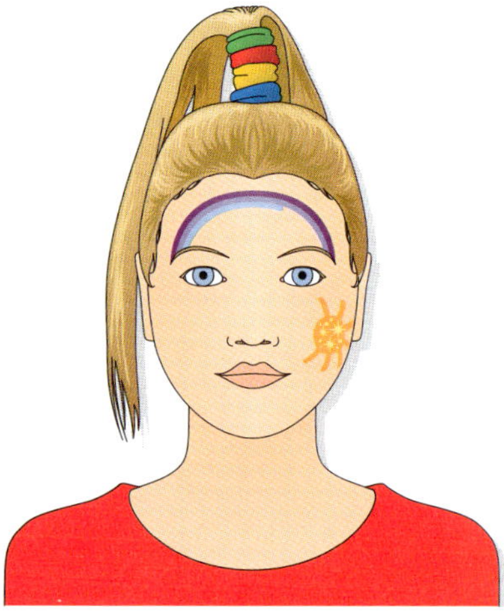

2 Sur une joue, peindre un soleil orange avec des rayons. Laisser sécher. Appliquer du gel pailleté du bout du doigt sur le soleil.

Orage

1 Peindre 3 éclairs jaunes avec un pinceau fin. Laisser sécher. Tracer une ligne oblique séparant le visage avec du fard bleu foncé.

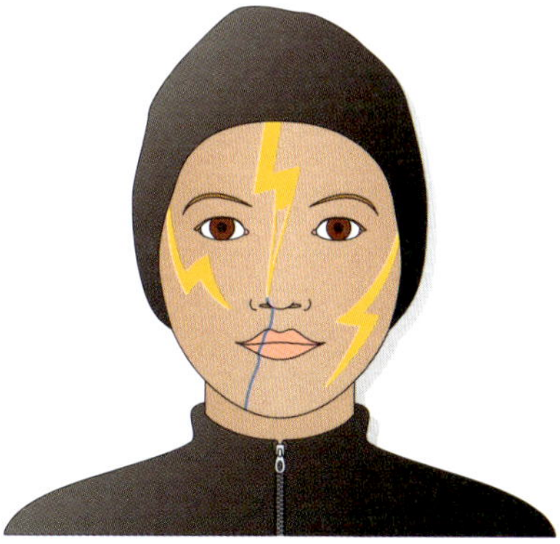

2 Peindre une moitié du visage en bleu foncé et l'autre en bleu clair avec un pinceau épais. Estomper ces couleurs à l'éponge sur le cou. Ajouter du gel pailleté sur les éclairs avec un pinceau fin.

3 Sur l'autre joue, dessiner un nuage et des gouttes en gris clair. Donner du relief avec du gris foncé. Appliquer du rouge à lèvres.

Peintures sioux

Matériel
fards à l'eau : rouge, bleu clair, bleu vif, noir et blanc, pinceaux : fin et moyen, rouge à lèvres.

Hâler la peau des Indiens avec du fond de teint foncé et de la poudre.

Indienne

1 Avec les cheveux longs, faire 2 tresses ou 2 couettes basses et nouer des chouchous colorés. Lisser les cheveux courts avec du gel et nouer un bandeau sur le front.

2 Avec un pinceau fin, dessiner et colorer des motifs rouges et bleus en forme de gouttes sur le front, sur les joues et sur le menton. Laisser sécher. Ajouter un trait noir sur le nez.

3 Prolonger les paupières en traçant un trait bleu clair dessus avec un pinceau fin. Ajouter un trait sous les yeux. Appliquer du rouge à lèvres.

Indien

1 Ébouriffer les cheveux avec du gel. Avec un pinceau fin et du fard noir, délimiter le bandeau sur le front.

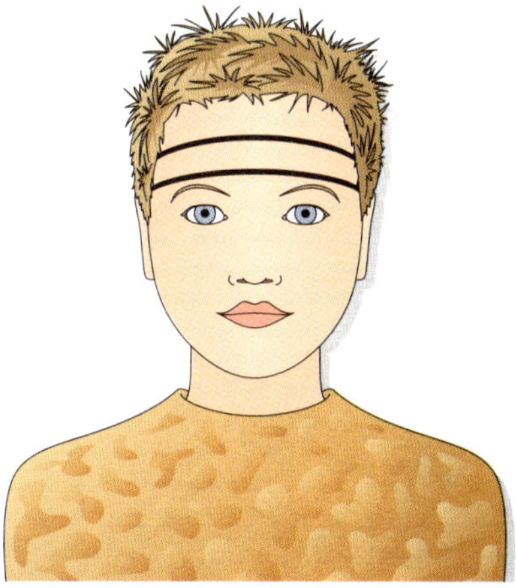

2 Peindre le zigzag en bleu clair. Laisser sécher. Avec un pinceau fin et du fard rouge, peindre tous les triangles du bandeau. Ajouter un petit triangle rouge entre les sourcils.

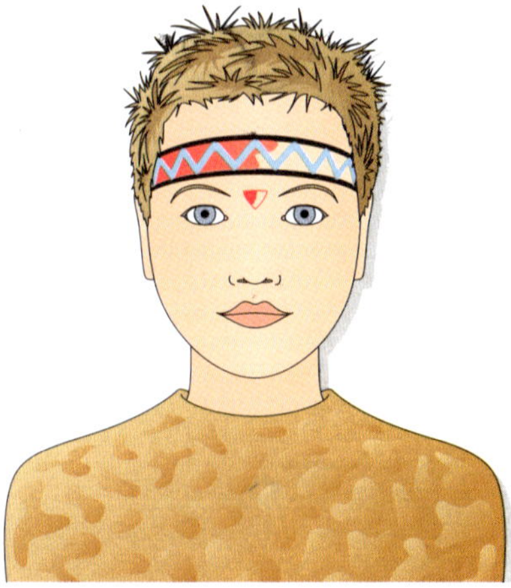

3 Avec un pinceau moyen, tracer, sur les joues, 3 bandes horizontales de couleurs différentes en commençant par celles du haut. Ajouter un petit W blanc sur le menton. Laisser sécher.

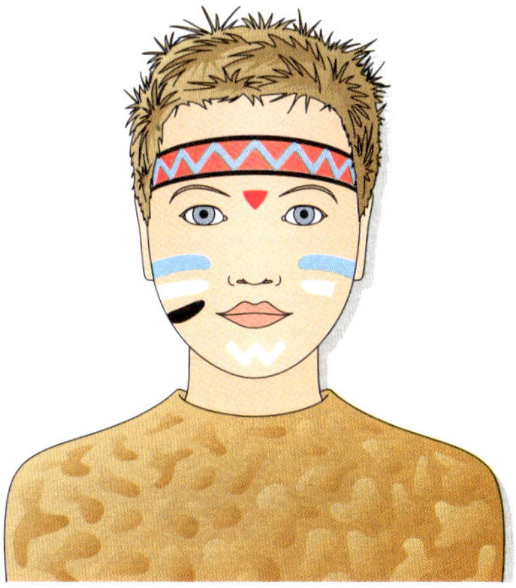

Accessoires

Avec ces maquillages, porter des bijoux en perles, en cuir ou en os.

Méchants pirates !

Matériel
fards à l'eau : noir, gris clair et bleu vif, crayons gras marron et noir, pinceaux : fin, moyen et épais, éponge, foulards, anneau doré, cache-œil en plastique.

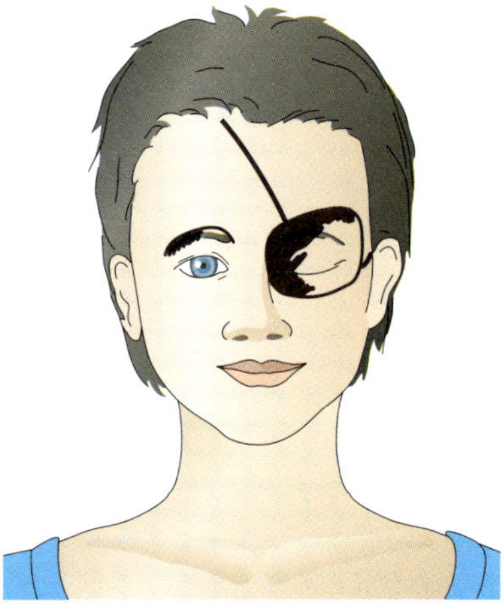

Pirate ridé

1 Avec un pinceau fin, tracer un ovale noir autour d'un œil. Le colorer en noir, l'œil fermé, avec un pinceau épais. Tracer une fausse ficelle sur le milieu du front et jusqu'à l'oreille, avec un pinceau fin. Épaissir le sourcil de l'autre œil avec un pinceau ou un crayon gras.

Pirate barbu

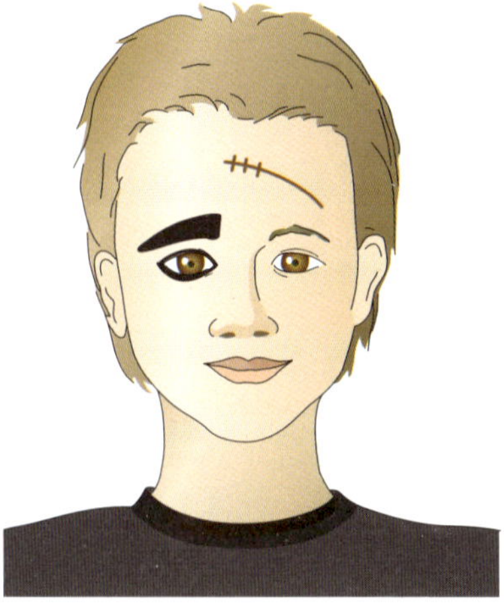

1 Avec le crayon marron, dessiner une cicatrice sur le front. Avec du fard noir et un pinceau fin, épaissir un sourcil. Cerner l'œil.

2 Appliquer du fard gris à l'éponge pour la barbe. L'estomper jusqu'aux oreilles. Laisser sécher. Ajouter des points au crayon noir. Dessiner une moustache avec un pinceau fin. Laisser sécher. Mettre le cache-œil.

Accessoires

Nouer des foulards autour de la tête. Porter des anneaux dorés aux oreilles.

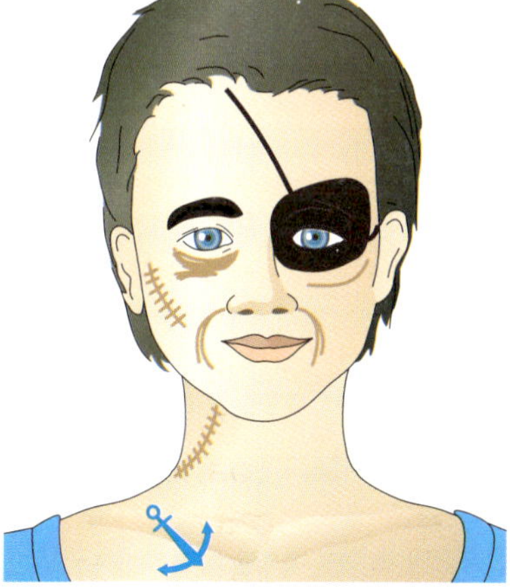

2 Avec un crayon marron, dessiner des cernes et des rides partant du nez. Ajouter des cicatrices sur la joue et dans le cou.

Dessiner une ancre de marin sur le torse ou sur le bras avec un pinceau fin et du fard bleu.

Vampire et ogre

Matériel

fards à l'eau : gris, blanc, rouge, noir, marron et vert foncé, pinceaux : fin, moyen et épais, éponge, crayon noir à mine grasse , gel, bombe blanche pour cheveux.

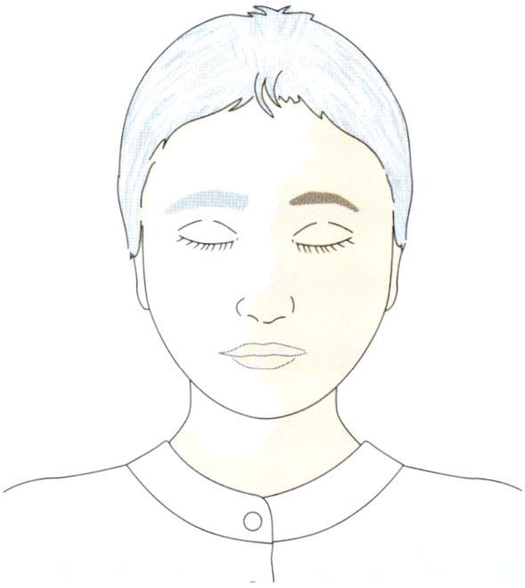

Vampire

1 Protéger les vêtements avec une grande serviette. Couvrir le visage avec un linge. Vaporiser du blanc sur toute la chevelure.

Avec une éponge, appliquer du fard blanc opaque sur le visage. L'estomper sur les oreilles et sur le haut du cou.

3 Avec un pinceau fin, colorer les lèvres en rouge autour des dents. Dessiner des gouttes de sang jusqu'à la base du cou.

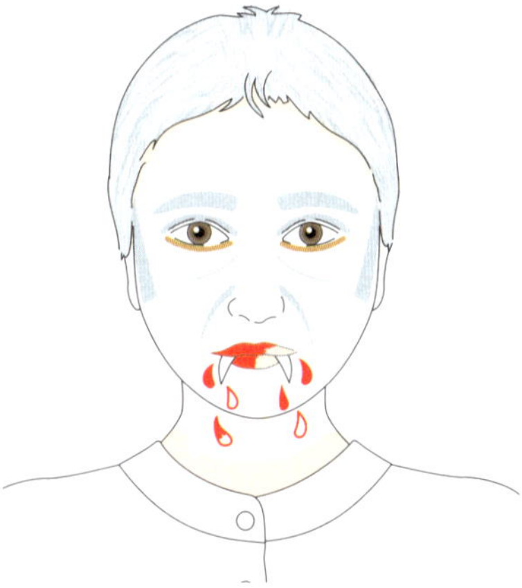

Ogre

1 Ébouriffer les cheveux avec du gel. Colorer des mèches en vert foncé à l'éponge. Dessiner de gros sourcils noirs avec le crayon. Peindre un trait marron sur les paupières avec un pinceau fin.

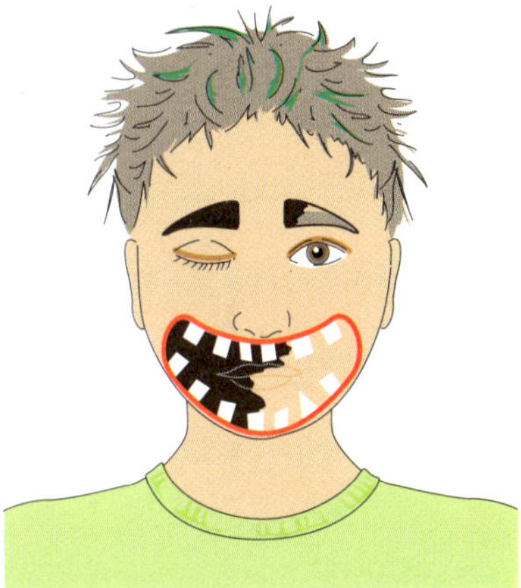

2 Tracer en rouge le contour d'une énorme bouche avec un pinceau moyen. Peindre des dents espacées en blanc et l'intérieur en noir.

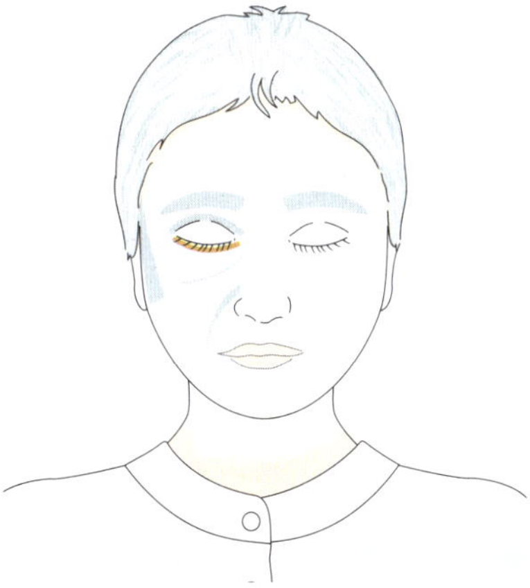

2 Avec du fard gris, épaissir les sourcils. Tracer un trait sur les paupières. Ajouter des cernes marron, des rides et de longs favoris gris.

Avec le crayon noir, dessiner 2 dents pointues dépassant de la lèvre inférieure. Colorer ces canines en blanc avec un pinceau fin.

Sorcière maléfique

Matériel

fards à l'eau :
vert, argenté, violet et noir,
crayon noir à mine grasse,
bijou autocollant, pinceaux :
fin, moyen et épais, paillettes
en bombe pour cheveux,
rouge à lèvres
et vernis à ongles noirs.

Pour un maquillage plus effrayant, on peut couvrir le visage d'une base blanche légère.

1 Protéger les épaules avec une serviette. Vaporiser des paillettes en bombe sur les cheveux ou sur une perruque.

2 Avec un crayon noir à mine grasse, dessiner des pointes sur le front, sur le haut du nez et sous les yeux. Tracer des arabesques sur les paupières.

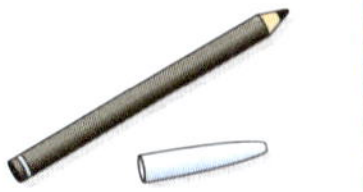

3 Avec un pinceau moyen, peindre le front en violet. Avec un pinceau fin, appliquer du fard argenté au-dessus des yeux et du fard vert clair audessous. Laisser sécher. Coller un bijou au milieu du front.

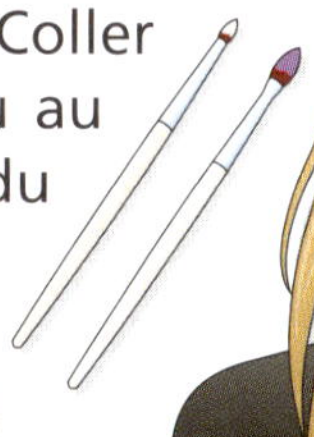

4 Ajouter des gouttes noires sur les pommettes et sous la bouche avec un pinceau fin. Noircir les lèvres avec du rouge à lèvres ou avec du fard. Avec un crayon noir, dessiner une toile d'araignée à la base du cou.

Mains effrayantes

Vernir les ongles. Les laisser sécher. Sur le dos de la main, tracer les pointes au crayon noir. Appliquer du fard violet avec un pinceau moyen. Laisser sécher. Au crayon noir, dessiner une toile d'araignée en commençant par les lignes droites. Compléter le maquillage avec une grosse bague.

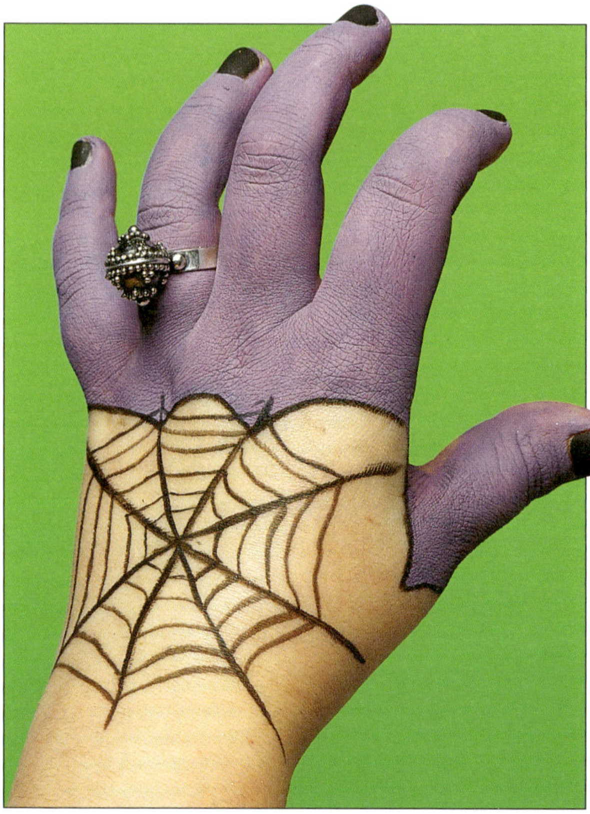

Maqui-Halloween

Matériel

fards à l'eau : orange, gris clair, noir, bleu clair et jaune, éponge, gel pailleté doré, crayon gras brun, pinceaux : fin, moyen et épais, fil électrique, béret, foulard, aiguille et fil.

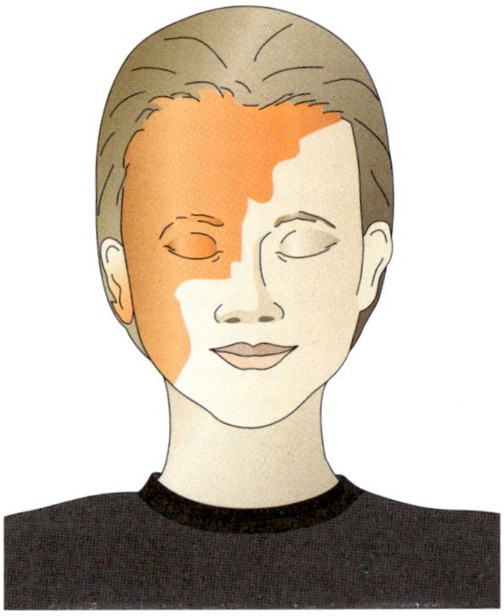

Citrouille

1 Maintenir les cheveux courts vers l'arrière avec du gel ou des barrettes. Remonter les cheveux longs en chignon avec une barrette. Appliquer une base orange avec une éponge sur tout le visage. L'estomper sur les lobes des oreilles. Bien laisser sécher.

2 Peindre des triangles noirs autour des yeux et sur le nez avec un pinceau moyen. Avec un pinceau fin, peindre une étoile au milieu du front, et la bouche en la prolongeant. Laisser sécher.

3 Tracer les quartiers de la citrouille au crayon marron. Coudre du fil électrique tordu sur un béret orange. Nouer un foulard vert autour du cou.

Les garçons opteront sûrement pour le maquillage mystérieux de la chauve-souris.

Chauve-souris

1 Avec un pinceau fin, dessiner une grande chauve-souris noire autour des yeux. La colorer avec un pinceau épais. Laisser sécher.

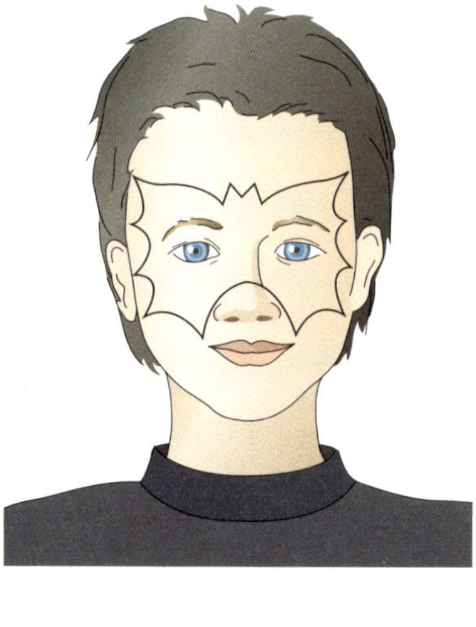

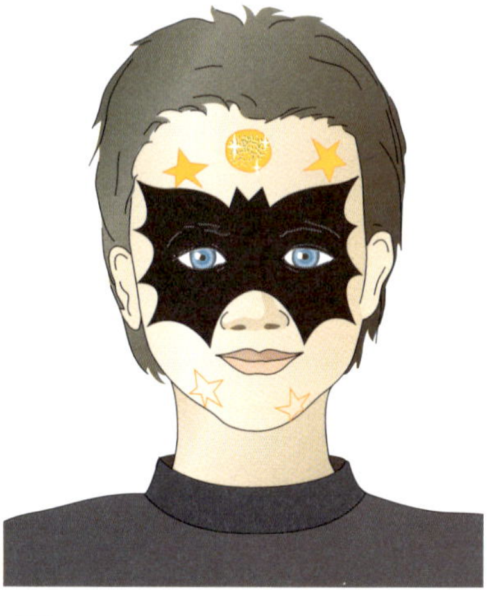

2 Avec un pinceau fin et du fard jaune, dessiner une pleine lune au milieu du front. Ajouter des étoiles sur le front et sur le menton. Laisser sécher. Du bout du doigt, appliquer un peu de gel pailleté doré sur la lune et sur une étoile.

3 Appliquer du fard gris sur le haut du visage, avec un pinceau moyen, en contournant tous les motifs. Avec des pinceaux épais et moyen, peindre le reste du visage en bleu.

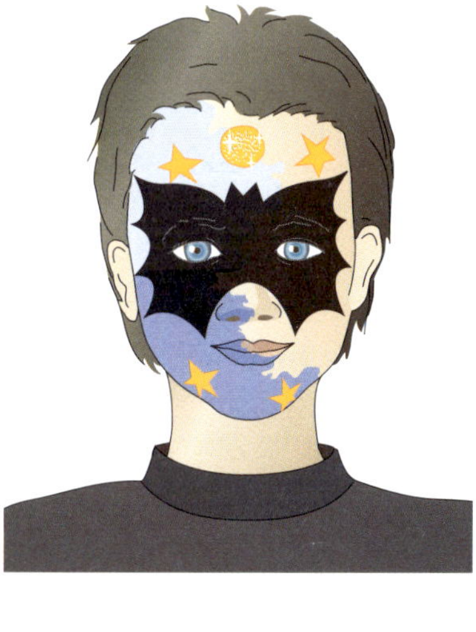

Table des matières

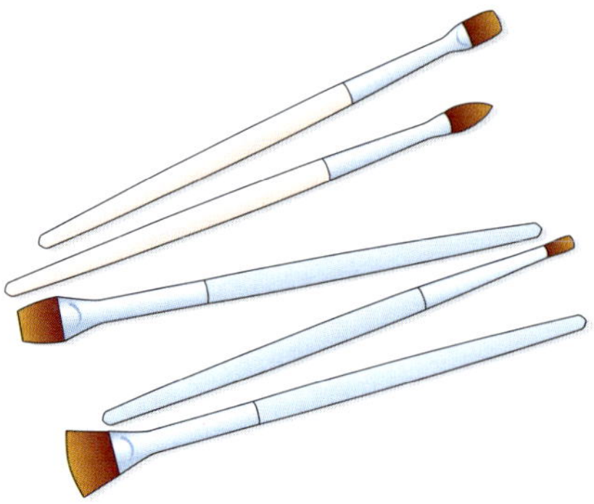

Un grand merci à tous les enfants photographiés dans ce livre : Alix, Amandine, Antoine, Augustin, Baptiste, Dimitri, Djeli, Danatienne, Florent, Jeanne, Lucie, Marie-Agathe, Pétronille, Simon et Victor.

Les pages de ce livre sont extraites de : *Le livre de la fête*, « Collection ABC Fleurus »

Illustrations en infographie

Laurent Blondel, Yannick Garbin
pages 8-9, 12-13, 22-23, 30-31

Catherine Hélye
pages 6-7,10-11, 18-19, 24-25, 26-27, 32-33

Léonie Schlosser
pages 14-15, 16-17, 20-21, 28-29, 34-35

Direction éditoriale : Christophe Savouré

Photographie : Dominique Santrot

Réalisation des maquillages : Vanessa Lebailly

Édition : Christine Hooghe et Laetitia Hérault

Direction artistique : Danielle Capellazzi pour l'intérieur, Laurent Quellet et Catherine Enault pour la couverture

Fabrication : Annie-Laurie Clément

Conception graphique : Isabelle Bochot

Éditions Fleurus, 15-27, rue Moussorgski, 75018 Paris
Dépôt légal : janvier 2005
Imprimé en France par Partenaires-Livres®, en décembre 2004
Photogravure : IGS-Charente Photogravure
ISBN : 2-215-07727-1
1re édition – n° d'édition : 93622

Loi n° 49-956 du 16 juillet 1949 sur les publications destinées à la jeunesse.